O SEGREDO

C. Baxter Kruger, Ph. D.

O SEGREDO
ISBN: 979-8-9851553-6-5
Escrito por Baxter Kruger
© C. Baxter Kruger 1994
Primeira edição em 1994; segunda edição em 2023

Nova biografia de C. Baxter Kruger

Baxter é casado com Beth há 40 anos. Juntos eles têm quatro filhos e quatro netos, e vivem em Brandon, no estado de Mississippi (Estados Unidos). Ele recebeu seu Ph.D na Kings College, na Universidade de Aberdeen (Escócia), sob a orientação do professor James B. Torrance. O Dr. Kruger é autor de nove livros, incluindo os bestsellers The Shack Revisited, Patmos, e seu mais recente e curto livro, A Parábola do Deus que Dança (disponível em português), além de diversas publicações, centenas de horas de aulas e diversos estudos online – todos disponíveis na página perichoresis.org. O Dr. Kruger vem viajando o mundo há mais de 30 anos, levando as boas novas da nossa inclusão em Jesus e na sua relação com o seu Pai no Espírito. Ele adora cozinhar lagostins, fazer iscas de pesca artesanais e jogar golfe, e ama passar tempo com seus netos.

Projeto da Capa: Tom Carroll, South Australia
Ilustrações: Dianne C. Bryan Jackson, MS
Layout do livro: Karen Thompson, Western Australia

OUTROS TÍTULOS DE DR. KRUGER DISPONÍVEIS:

Patmos

The Shack Revisited

Across All Worlds

Jesus and the Undoing of Adam

The Great Dance

God Is *For* Us

HOME

The Parable of the Dancing God

Uma Nota Sobre a Palavra *"Pericorese"*

A aceitação genuína acaba com o medo e a tendência a se esconder, e cria a liberdade de conhecer e ser conhecido. Nesta liberdade, surge uma comunhão e um compartilhamento tão honestos, abertos e verdadeiros que as pessoas envolvidas habitam uns nos outros. Há uma união sem a perda da identidade individual. Quando um chora, o outro sente gosto de sal. É apenas no relacionamento trino entre Pai, Filho e Espírito que um relacionamento pessoal deste tipo ocorre, e a Igreja primitiva usava a palavra "pericorese" para descrevê-lo. A boa notícia é que Jesus Cristo nos atraiu para dentro deste relacionamento, e a sua plenitude e vida devem se desenrolar em cada um de nós e em toda a criação.

Para maiores informações sobre o Dr. C. Baxter Kruger ou Perichoresis,

visite Perichoresis.org

O Segredo

Imagine um garoto de oito anos em um parque. Lá está ele, no meio de tudo o que uma criança sonha. Brinquedos emocionantes, maçãs-do-amor e algodão-doce, jogos e prêmios — tudo está ao seu alcance. E ele está aproveitando o momento ao máximo. Mas de repente ele percebe que se perdeu de seus pais. Ele está *perdido*. O puro terror toma conta de sua pequena alma. Em uma fração de segundo, ele deixa de ter o melhor momento de sua vida para ficar desesperado ao ponto de esquecer que está em um parque. A sua liberdade de ver e aproveitar as coisas boas e maravilhosas ao seu redor acaba de desaparecer no ar.

O que esta história nos conta é que o que acontece dentro de nós define a forma que vivenciamos o que está fora de nós. Por dentro podemos estar tão despedaçados que perdemos de vista as coisas grandiosas e incríveis que estão ao nosso redor. Já não as vemos como grandiosas e incríveis. E quando isso acontece, perdemos nossa liberdade de aproveitá-las.

Eu creio que o garoto no parque é uma parábola da vida humana, uma imagem do que está acontecendo conosco, da razão pela qual nossa alegria e contentamento são tão breves e a razão pela qual a vida pode ser tão dolorosa e sem sentido. De novo e de novo nos deparamos com algo que nos arrasa por dentro. É bem possível que nem sequer saibamos o que é. O despedaçamento interno, por assim dizer, pode nem chegar a se manifestar como uma emoção consciente, muito menos alcançar a intensidade das emoções que vemos no garoto no parque. Mas ele está acontecendo e o impacto é o mesmo. A perplexidade interior provoca um curto-circuito em nossa capacidade de contemplar o esplendor da vida ao nosso redor, acabando assim com a nossa liberdade de viver nela. E não vivemos nela. A nossa vida torna-se tão vazia quanto a risada de uma moça que não entendeu a piada.

Não é que o esplendor desapareça. É só que não conseguimos mais vê-lo. Nós olhamos em direção ao sorriso de uma garotinha e não vemos nada. Lá está ela, um completo milagre, a personificação viva da beleza, e ela está sorrindo para *nós*, ansiosa para propagar vida. Mas só batemos o olho nela, com sorriso e tudo. Fazemos o mesmo com outras pessoas, com as flores, com a música, com o trabalho e até mesmo com o futebol. Suas maravilhas e glórias não são registradas por nós. Eles aparentam desbotados para nós, banais, até monótonos e sem sentido. Eu não creio que estejamos conscientes do que está acontecendo. Raramente chegamos à conclusão de que certa pessoa ou certa flor é entediante. Apenas não as vemos pelo que são e, como resultado, suas presenças não nos tocam nem significam nada para nós. Antes que nos demos conta, passamos semanas — talvez até meses e anos — com nossos olhos vidrados. Podemos estar vivos, mas não estamos *vivendo* a vida; pois não podemos nos conectar com as coisas que não podemos ver, e muito menos aproveitá-las.

Os Anões

Deixe-me contar a vocês uma história que ilustra o que este tipo de cegueira faz conosco. Vem do esplêndido conto de C. S. Lewis,

O SEGREDO

As Crônicas de Nárnia[1]. O cenário é de uma bela terra em um dia limpo. Toda esta terra está cheia de glória, viva com um brilho que apenas os nossos melhores e mais gloriosos dias podem ter. É Nárnia, a terra prometida e tão desejada. Muitos dos heróis da história estão perambulando com uma admiração crescente e uma alegria irresistível, nunca tendo sequer imaginado algo tão belo, tão intensamente vivo, tão real, tão bom.

Mas também está presente um pequeno bando amargurado de Anões carrancudos. Eles não estão explorando. Não há uma luz de admiração em seus olhos. Eles não têm alegria. Eles estão, de fato, reunidos em um círculo apertado no chão. Longe de perceberem que estão em uma bela terra em um lindo dia, eles acreditam estar "neste buraco deste estábulo fedorento, apertado e escuro como breu[2]".

Lucy, uma das heroínas da história, brada aos Anões: "Mas aqui não está escuro coisa nenhuma, seus anõezinhos estúpidos! Será que não percebem? Vamos, levantem o rosto! Olhem ao seu redor! Será que não veem o céu, as árvores e as flores? Vocês não estão me vendo?[3]"

Um dos anões carrancudos, chamado Ranzinza, grita exacerbado: "Como é que eu posso ver uma coisa que não existe? E como é que

1 LEWIS, C.S. *As Crônicas de Nárnia: Volume Único*. Trad.: Paulo Mendes Campos e Silêda Steuernagel. 2º ed. São Paulo: WMF Martins Fontes, 2009. Leia também essas obras de Lewis: *O Grande Divórcio*. Trad: Elissamai Bauleo. 1ª edição: Thomas Nelson Brasil, 16 de novembro de 2020; e *Até que Tenhamos Rostos*, Edição em Português: Ultimato Editora, 2017.
2 Lewis, *A Última Batalha*, p. 144.
3 Lewis, *A Última Batalha*, p. 144.

eu posso vê-la (ou você a mim) nesta escuridão de breu?[4]"

Na mesma hora, um raio de dor atinge o coração de Lucy. Então, lhe surge uma ideia. Ela colhe algumas violetas silvestres e as leva até Ranzinza. "Escutem aqui, anões", ela diz, "Embora seus olhos estejam com algum problema, quem sabe o nariz esteja funcionando bem. Que cheiro é *este*?[5]" Ele consegue cheirar, mas longe de sentir o aroma de violetas silvestres, ele sente o cheiro de palha imunda e está tão ofendido que tenta golpeá-la.

Naquele momento, o grande leão Aslam aparece. Aslam é o herói supremo da história e o responsável pela existência e pela glória de Nárnia. Lucy, em seu tremendo pesar pelos anões cegos, imediatamente implora a Aslam que faça algo para ajudá-los. O que acontece é fascinante:

> Aslam ergueu a cabeça e sacudiu a juba. No mesmo instante, um maravilhoso banquete apareceu aos pés dos anões: tortas, assados, aves, pavês, sorvetes e, na mão direita de cada um, uma taça de excelente vinho. Mas de nada adiantou. Eles começaram a comer e a beber com a maior sofreguidão, mas notava-se claramente que nem sabiam direito o que estavam degustando. Pensavam estar comendo e bebendo apenas coisas ordinárias, dessas que se encontram em qualquer estrebaria. Um disse que estava comendo capim; outro falou que tinha

4 Lewis, *A Última Batalha*, p. 144.
5 Lewis, *A Última Batalha*, p.145

arranjado um pedaço de nabo velho; e um terceiro disse que havia achado uma folha de repolho cru. E levavam aos lábios taças douradas com rico vinho tinto, dizendo: — Puááá! Muito bonito! Beber água suja, tirada do cocho de um jumento! Nunca pensei que chegássemos a tanto![6]

Esta é uma situação realmente trágica. Os anões se reúnem ao ar livre num esplêndido dia sem nuvens. Diante deles está um banquete delicioso convocado pelo Rei. Eles têm taças douradas em suas mãos. Mas, como Lucy disse, seus olhos estão todos com algum problema, assim como todo o resto também. Além disso, eles bebem o rico vinho tinto da terra prometida e apenas sentem o gosto de água suja do cocho de um jumento!

Perceba com atenção que o problema não é que os Anões tenham sido excluídos da glória de Nárnia. Eles estão tão presentes *em* Nárnia tanto quanto os heróis. Na realidade, seria impossível para os Anões estarem mais conectados com Nárnia do que já estão. Mas, suas visões estão erradas[7]. E a ausência de uma visão adequada os torna incapazes de desfrutar Nárnia como *Nárnia*. Como o garoto no parque, a cegueira dos anões rouba-lhes a alegria de Nárnia e, assim, deixa-os carrancudos e amargurados.

É isso o que acontece conosco. Não estamos, por assim dizer, excluídos de Nárnia. O banquete é nosso. Jantamos diariamente da generosidade da ceia real do Rei e erguemos suas taças douradas

---

6 Lewis, *A Última Batalha*, p. 145
7 Leia Mateus 6:22-23.

de rico vinho tinto. Mas algo como uma ilusão de ótica continua acontecendo e não enxergamos corretamente. Não enxergamos quem realmente somos, onde estamos e com que glória estamos envolvidos. E essa ilusão de ótica, essa ausência de luz, essa ausência de visão adequada, destrói nossa capacidade de desfrutar de um banquete como um *banquete*, do parque como um *parque*, da vida como *vida*. Sem enxergar a glória, não somos livres para viver nela. E a vida torna-se uma rotina triste, entediante e insignificante — e às vezes, até mesmo aterrorizante.

A Armadilha do Ogro

Mas por que somos tão cegos? O que cria a ilusão de ótica? O que nos impede de enxergar corretamente? Já temos a primeira parte da resposta na história do garoto no parque. Ele não conseguia enxergar corretamente porque, por dentro, ele estava despedaçado. Acontece o mesmo conosco. Nossos corações se despedaçam e, imediatamente, perdemos nossa segurança, nossa esperança e nossa autoconfiança. Quando isso acontece, ficamos tão ansiosos, amedrontados e desesperados que perdemos nossa capacidade de perceber.

Mas, porque perdemos nossa segurança, esperança e autoconfiança? Qual é a causa de ficarmos despedaçados por dentro? O problema é que existe algo como um terrível ogro à espreita nas sombras de nossas vidas[8]. Ele permanece oculto, enquanto seus pequenos olhos redondos se fixam nos nossos corações. Ele

8 Leia 2 Coríntios 4:3-4 e 2 Timóteo 2:26.

sabe como os seres humanos funcionam. Ele conhece a ordem: segurança produz liberdade para enxergar e enxergar traz alegria. Então ele observa atentamente, observa os primeiros indícios de segurança, esperança ou autoconfiança. Quando ele vê, ele aciona seu plano, um plano diabólico feito exclusivamente para sufocar a nossa segurança. O mecanismo já está bem lubrificado e bem instalado. É preciso apenas um sussurro no momento oportuno para ativá-lo. E somos tão ignorantes de seus planos que nem sequer percebemos o que está acontecendo.

Com muito mais clareza do que os seres humanos, o ogro entende que a única segurança no universo vem de saber que Deus, o Pai Todo-Poderoso, nos aceitou em Jesus Cristo. Então seus planos são projetados para nos impedir de conhecer a verdade sobre a aceitação do Pai ou de acreditar nela. De qualquer forma, a única base da verdadeira segurança torna-se ofuscada, o que significa que a cegueira e, portanto, uma vida vazia, estão a apenas um momento de distância.

O ogro é um mestre especialista em vergonha. Ele é excelente em explorar a nossa culpa e as nossas feridas. É como se ele carregasse uma pá e desenterrasse todas as coisas ruins que tentamos manter enterradas. Ele desenterra os nossos fracassos, principalmente aqueles de que mais nos envergonhamos — tenham eles sido feitos por nós ou a nós, isso não importa para o ogro. Ele então os arrasta para fora, para que possamos senti-los e vivenciá-los de novo. E então ele sussurra das sombras que somos inúteis, que não prestamos, não somos bons, não importamos, que somos desprezíveis e não somos nada. Sua frase favorita é *"Eu não sou..."* e ele a sussurra para nós tão sutilmente que pensamos que nós estamos dizendo: "Eu não sou aceitável. Eu não sou adequado. Eu não sou esperto o suficiente, não sou bom o suficiente, não sou capaz, criativo, especial. Eu não estou fazendo isso certo. Eu não vou conseguir."

Mas isto é apenas o começo. Ele também sussurra mentiras sobre Deus. Ele diz que Deus é como o pai que nos machucou, nos abusou ou o pai que nos rejeitou. Ele diz que Deus é como um professor velho e chato que se senta em sua torre de marfim e fica murmurando conceitos profundos para si próprio. Ele diz que Deus é como um contador que nos observa à distância, de lápis na mão, apenas para fazer o controle de quantas de Suas regras estamos quebrando. Ele diz que Deus é apenas uma versão divina dos nerds que se passam por pastores na TV, ou que Ele é inacessível em Sua vaidade, como vários dos religiosos que conhecemos. Ele diz que Deus é como "a Força" em *Star Wars* —incompreensível, irreconhecível, inominável e inútil para o cidadão comum.

Você percebe o que o ogro está fazendo. Ele está nos enganando. Ele nos envergonha tanto com os nossos fracassos, que se torna quase impossível acreditarmos que pertencemos a Deus. Suas mentiras de que Deus é como nosso pai ou como um contador já nos fizeram acreditar que Deus não gosta de nós. Então, seu sussurro "Eu não sou..." facilmente leva a "portanto, Deus não poderia me querer", "deste modo, Deus não está nem um pouco interessado em mim", "logo, Deus abandonou toda a sua esperança em mim, desistiu de mim e se afastou". E caso isso não funcione, bem, que segurança pode vir de saber que você pertence a uma Força irreconhecível, ou a um nerd divino, ou a um professor velho e chato?

Ao longo dos anos, o maligno teceu as suas mentiras e acusações em nossos pensamentos. Juntas, elas produziram em nós uma suspeita profunda: "Estou sozinho, perdido, abandonado e rejeitado". Ele encorajou cuidadosamente a suspeita ao ponto de quase se tornar uma conclusão, uma crença. Fomos condicionados e nem sequer sabemos disso. Ele meramente espera e observa nas sombras, não só pelo primeiro sinal de confiança, mas ainda mais importante, para que algo negativo aconteça na nossa experiência. Então ele sussurra suas palavras finais para nós: "Viu, eu te avisei". E, nesse momento, a suspeita torna-se uma conclusão. Nós *acreditamos estar* sozinhos, perdidos, abandonados e rejeitados.

E o que acreditar nessa mentira faz conosco? Nos despedaça completamente por dentro. Quer percebamos ou não, nossa segurança, esperança e autoconfiança ficam arrasadas, e imediatamente perdemos nossa liberdade de ver. Em um piscar de olhos, nossas capacidades de perceber, de contemplar, de descobrir, entram em curto-circuito. E nós não percebemos, e não perceber significa que a vida não nos dá alegria. Em vez disso, ela nos deixa vazios. E nenhum de nós pode viver com esse vazio, por isso mergulhamos desesperadamente na busca de algo que acreditamos que nos preencherá, ou fugimos da dor. E na maior parte das vezes, nem sequer sabemos o que estamos fazendo.

A Verdade

Mas o ogro é um mentiroso, o pai das mentiras[9]. Pois a verdade é que você não está perdido. Você foi encontrado por Deus Pai Todo-Poderoso em Seu Filho Jesus Cristo. Isso é o que você é. Você não está abandonado, sozinho ou rejeitado. Você foi encontrado, aceito e abraçado pelo Pai em Seu Filho[10]. O veredito de Deus falado a você em Jesus não é "Eu não sou", e sim *"Tu és Meu!"*

Jesus Cristo tomou seus fracassos e seus erros, sua culpa e vergonha, sua alienação — as mesmas coisas que o ogro desenterra — e destruiu todas elas na cruz.[11] Toda a escuridão foi perdoada, apagada, condenada à morte. Está feito, acabado, se foi para sempre. Ele pôs um fim em tudo o que nos separa de seu Pai e da vida em Sua casa. Foi por isso que ele veio. Ele foi enviado para preparar um lugar para nós na casa do Pai[12], um lugar no meio da aceitação, do amor e do deleite do Pai. E ele preparou um lugar para você, abriu um espaço para você na vida do Pai.

Mas você não sabe disso. O ogro fez com que você acreditasse ser a criança abandonada e perdida no parque. Você não sabe que foi encontrado, acolhido e abraçado pelo próprio Pai. Você não sabe que Jesus Cristo é o seu pastor[13], enviado pelo Pai; e não sabe que ele o buscou, encontrou, banhou e limpou completamente, o deitou em seus ombros e o levou para a casa de seu Pai. Você pensa

---

9 Leia João 8:44.
10 Leia 2 Coríntios 5:14-21; Efésios 1:3-13; Colossenses 1:19-29.
11 Leia Colossenses 2:13-14.
12 Leia João 14:1-3.
13 Leia João 10:11-16.

que Deus é um contador ou uma força irreconhecível em algum lugar por aí. Você não conhece nada sobre a aceitação e o perdão do Pai, sobre Sua grande paixão por você e sobre o deleite supremo que Ele tem em você.

Você é um alvo fácil. Indefeso. Sem um conhecimento real do fato de que Deus, o Pai Todo-Poderoso, o abraçou eternamente em Jesus Cristo, você não tem resposta quando o maligno sussurra. Qualquer esperança que você tenha conseguido encontrar é levada para longe como uma folha ao vento. Você fica despedaçado por dentro. Sua segurança se vai. Você não vê glória alguma. Sua vida não tem alegria.

Está na hora de acordar e enxergar a luz! É hora de você saber a verdade[14]. É hora de você saber quem Deus realmente é, e quem *você é*. E de saber que coisa grande e maravilhosa Deus, seu Pai, realmente fez em *você* em Seu Filho, pelo poder do Espírito.

"Emanuel[15]." Este é a palavra criada por Deus que resume tudo. Você sabe o que "Emanuel" significa, não sabe? Significa "Deus conosco". Observe cuidadosamente que isso não significa Deus *era* conosco ou Deus *será* conosco. Significa Deus *está* conosco e nós *estamos* com Deus. Essa não é uma ideia puramente religiosa. E certamente não é um convite que depende do nosso desempenho religioso. Emanuel é um fato sólido estabelecido por Deus. É uma declaração divina sobre o modo como as coisas são. Deus não nos abandonou. Ele nos abraçou e nos tornou Seus em Jesus Cristo.

14 Leia João 8:31-32.
15 Leia Mateus 1:23.

A Luz da Vida

Mas o que exatamente significa dizer que Deus é conosco e que nós estamos com Deus em Jesus Cristo? Certamente significa que em Sua grande paixão por nós, Deus deu um passo à frente e estabeleceu uma relação conosco. Ele nos reivindicou como Seus, apagou os nossos fracassos, removeu tudo o que nos separava Dele, nos redimiu, nos aceitou e nos acolheu em Sua família. Então, em seu significado mais básico, Emanuel significa que não estamos separados de Deus. Não estamos fora d'Ele e Ele não está fora de nós. Estamos juntos, e Deus se alegra muito com isso.

Mas há algo mais, algo maravilhoso e surpreendente, dito aqui sobre nós, sobre mim e sobre você, e sobre nossa humanidade, nossa existência humana. Nesta única palavra, "Emanuel", Deus está nos dizendo que Ele não tem intenção de ser Deus sem nós! Ele está dizendo que nos criou para compartilhar a Sua vida conosco, pois compartilhar a vida é o propósito de estar *com* alguém. Mas isto é só a ponta do iceberg, pois Emanuel não é apenas uma declaração sobre a intenção de Deus. É uma declaração sobre o que está acontecendo em nossas vidas hoje. Emanuel significa que *Deus está* compartilhando Sua vida conosco *agora*, e que nós *estamos* participando na vida de Deus *agora*. Estamos dentro do círculo da vida de Deus agora e, portanto, a vida que vivemos não nos pertence. Nossa vida é nada menos que uma participação na vida de Deus!

Permita-me contar uma história para esclarecer tudo isso. Vários anos atrás, enquanto eu vasculhava minha correspondência, meu filho e um de seus amigos caminharam até a sala onde eu estava. Eu nem conhecia o amigo dele. Éramos completos estranhos. Eu nem sabia seu nome. Mas o que aconteceu tornou-se para mim uma imagem concreta de Emanuel.

Apesar do menino não me conhecer ou saber como eu era, o mesmo não se aplicava a meu filho. Ele tinha uma relação comigo. Ele conhecia meu amor e meu encanto por ele. Ele conhecia a certeza da minha aceitação. Ele estava em casa comigo e, portanto, era livre para ser ele mesmo, livre para vir à minha presença e brincar. E ele fez exatamente isso. Na liberdade da minha aceitação, ele entrou na minha presença, jogou-se no sofá e começou a brincar comigo. Quando eu percebi, estávamos rolando no chão, brincando de lutinha e gargalhando, vivendo um momento incrível. E seu amigo estava bem ali conosco.

Mais tarde, percebi que algo muito importante havia acontecido, que uma parábola havia sido encenada. Veja dessa forma: suponhamos que você retire meu filho da equação por um segundo. Suponhamos que o seu amigo viesse até a sala sozinho. Eu suspeito, dado que éramos completos estranhos, que ele nunca teria se jogado no sofá e começado a brincar comigo. Sem a presença do meu filho, não teria havido uma certeza de aceitação, não estaríamos confortáveis e, portanto, não teria existido a liberdade para ficar na minha presença.

Mas meu filho *estava* presente. E a coisa maravilhosa

que aconteceu foi que a relação do meu filho comigo, o seu conhecimento da minha aceitação, e sua liberdade de vir à minha presença alcançaram o coração do seu amigo. Foi algo simples, mas admirável. Esse garoto entrou em algo que não era dele e ele conseguiu fazer parte daquilo. Ele conseguiu fazer parte da relação do meu filho comigo. Ele fez parte da liberdade do meu filho. Ele participou dela.

Agora, eis a questão: será que algo muito parecido com isso está acontecendo na sua vida, mas sem o seu conhecimento? Será que você, como o amigo do meu filho, foi incluído na vida de outra pessoa? Será que seus interesses e responsabilidades, seus prazeres e amores não são de fato seus? E se eles tiverem sua origem em outra pessoa que está secretamente compartilhando-os com você? E se a sua criatividade e trabalho, seu amor por sua família, seu amor por música, golfe e pesca, sua preocupação com tudo dar certo, sua alegria em doar, tudo isso se originar não em você, mas em alguém muito maior que você, alguém que o ama tanto que compartilha Sua excelência, Sua beleza, Sua totalidade e plenitude com você?

Isso é exatamente, acredito eu, o significado de Emanuel. Todos nós recebemos um dom espantoso, o dom de participar na relação de Jesus Cristo com Deus Pai Todo-Poderoso na comunhão do Espírito. Este é o segredo de sua existência. Você é um participante na vida de Jesus. Como o amigo do meu filho, você foi conduzido a algo que não é seu, você foi incluído e está vivendo nisso[16]. O ogro pode muito bem ter feito você acreditar em seu sussurro "Eu não

---

16 Leia Colossenses 1:27.

sou...", mas a verdade é que você está vivendo nada menos do que a vida de Jesus com seu Pai.

Deus não é um contador, um professor velho ou algum tipo de buraco negro divino que é tão angustiado, solitário, entediado e necessitado que suga a vida de tudo ao seu redor. Deus existe como uma relação trina — Pai, Filho e Espírito. E não é uma relação morta ou vazia. O Pai, o Filho e o Espírito não são como três estátuas de bronze no parque — mudas, imóveis, sem coração. O Pai gosta de Seu Filho. Ele o ama, está absolutamente empolgado com ele, cheio de orgulho por ele[17]. E o Filho adora o Pai, O ama com todo o seu coração, alma, mente e força na liberdade e na comunhão do Espírito. Longe de estarem petrificados para sempre da mesma forma, o Pai, Filho e o Espírito vivem em um meio de hospitalidade ávida e pródiga. É um meio de abraços de paixão, de aceitação mútua, júbilo e amor, que não surge na tristeza, na depressão ou na miséria, mas na vida livre — na transbordante e alegre comunhão. Os primeiros teólogos da igreja tinham toda a razão quando falavam sobre a vida trina de Deus como uma dança divina. Não é algo morto, mas sim vivo, bom, justo, inabalável, transbordante, criativo.

Você provavelmente conhece a história bíblica de Jesus transformando água em vinho[18]. O que sempre me pareceu estranho sobre esta história é o fato de Jesus ter pedido aos servos que trouxessem água para ele. Pense nisso: se Jesus pode transformar água em vinho, ele certamente não precisa de ninguém para buscar

---

17 Leia Mateus 3:17; 17:5 e João 5:19-20.
18 Leia João 2 (capítulo completo).

água para ele, precisa? Claro que não. Então por que ele pede ajuda para os servos? Porque esse é o tipo de pessoa que ele é. Ele tem prazer em incluir os outros no que faz.

Na minha opinião, esta história é um retrato da razão pela qual Jesus Cristo se tornou um ser humano. Você já chegou a pensar nisso? Por que o Filho se incomodaria em se tornar um ser humano? Por que ele faria uma coisa dessas? É muito parecido com os avós quando ficam de quatro para brincar com seus novos netos. O ponto principal é compartilhar a vida com seus entes queridos. Naturalmente, eles sabem que para se comunicar, precisam se rebaixar ao nível das crianças e fazer o seu melhor para entrar no mundo dos netos. Claro, o que chamamos de "a encarnação" é bem mais complexo do que isto, mas a ideia básica é a mesma. O Filho de Deus tornou-se humano para poder compartilhar sua vida conosco de uma maneira que pudesse realmente nos tocar.

Mas o ogro mentiu para nós durante tanto tempo sobre Deus, que pensamos que Ele está lá longe no Céu. Todas as mentiras do ogro sobre Deus foram criadas para nos impedir de saber sobre a presença de Jesus, sobre Emanuel. E parece que o ogro fez um trabalho muito bom, até mesmo — e talvez especialmente — na Igreja. Digo isso pois o que é básico sobre a nossa percepção de Deus e de nós mesmos é que estamos separados. Nós vemos Deus de um lado da mesa e nós mesmos do outro. Deus impõe Suas regras e mandamentos na mesa e devemos responder e manter as regras. A religião é todo o conjunto de coisas que inventamos para colocar na mesa, de modo a responder a Deus por nós mesmos.

O Segredo

Mas tudo isso está errado. Além do fato de que Deus está interessado em muito mais do que nossas regras, esta forma de pensar deixa Jesus fora de cena. Não há Emanuel na equação. Este tipo de pensamento não é nem sequer cristão, por conta da simples verdade de que agora Deus está em ambos os lados da mesa. O Filho de Deus tornou-se humano[19]. Então agora você tem o Pai de um lado e o Filho de outro — em nosso lugar, sentando-se na nossa cadeira. E eles estão compartilhando a vida juntos na comunhão do Espírito[20].

Mas por que o Filho veio até o nosso lado da mesa? A resposta é simples. Ele fez isso para que pudesse então compartilhar sua vida conosco. Ele nasceu para ser o mediador[21]. Ele veio para que pudesse compartilhar conosco a vida e a plenitude que ele tem na sua relação com seu Pai desde toda a eternidade[22]. É um pensamento de tirar o fôlego quando paramos o tempo suficiente para absorvê-lo. Mas não é um mero pensamento: é a mais pura verdade.

O evangelho tem tudo a ver com o fato de que o Filho de Deus, que desfruta da vida com seu Pai na comunhão do Espírito, tornou-se humano — veio para o nosso lado da mesa — para que pudesse compartilhar nada menos do que esta vida *conosco*. E ele foi enviado não só para compartilhar sua vida conosco, mas para acabar de uma vez por todas com a nossa alienação em relação a ela. De que adiantaria o avô se inclinar até os netos se eles fossem cegos, surdos e mudos? Mas, se ao se inclinar, o avô pudesse também

---

19 Leia João 1:1-3, 14.
20 Leia Mateus 3:16-17 e 11:27.
21 Leia 1 Timóteo 2:5 e Hebreus 8:6; 9:15.
22 Leia Mateus 11:27-30.

curá-los, então haveria um sentido nisso. Jesus veio compartilhar sua vida abundante conosco, e ele veio fazer o que era necessário — mesmo a um custo enorme para si — para nos curar, de modo que pudéssemos conhecê-lo e viver em sua vida com ele.

O fato de que Jesus Cristo veio significa que você não está sozinho e, portanto, que você não é inútil, insuficiente, errado ou estranho. O Pai nos tem abençoado em Seu Filho[23]. Ele incluiu você em tudo que Jesus é para Ele e em tudo que compartilham juntos. Você está revestido de dignidade, glória e plenitude superiores agora[24], e não apenas revestido — você está vivendo nisso. Assim como o amigo do meu filho, você está incluso em algo que não é seu, e você está bem no meio disso. Você está vivendo na glória e excelência de Jesus, em sua justiça, beleza e paixão, em sua vida com seu Pai. Você vive com a vida do Deus Trino.

---

23 Leia Efésios 1:3.
24 Leia Colossenses 2:9-10.

Aquilo Que Você Sabe, Mas Nunca Soube

Permita-me contar outra história que ajudará a esclarecer o que quero dizer. Em um avião, recentemente, sentei-me ao lado de um biólogo. Na verdade, ele se autodenominava um "Microbiologista Sistemático Evolutivo"! Ele retornava do que me pareceu ser uma expedição do tipo Indiana Jones no Caribe. Era, na verdade, uma viagem de pesquisa dedicada ao estudo de várias espécies de plantas.

Certo, eu admito que não sou um grande entusiasta de plantas. Falar sobre plantas, especialmente espécies raras que o cidadão comum não faz ideia de que existem, não é minha ideia de entretenimento. Mas este homem estava tão animado que eu não pude deixar de ser contagiado pelo seu entusiasmo. Longe de ser seco e duro, este homem tinha entusiasmo em seu coração e estava absolutamente empolgado com o seu trabalho.

Ele começou a falar sobre plantas que estavam à beira da extinção, o quão importante elas eram, o que poderia ser feito para salvá-las e porque devemos salvá-las. Ele simplesmente não suportava a ideia de que já havíamos perdido e continuávamos perdendo espécies inteiras de plantas para a extinção. Ele até pegou seu guardanapo e desenhou diagramas e gráficos. Devo dizer que aprendi mais sobre botânica naquela conversa do que em anos de colégio.

Quando ele terminou, me inclinei e fiz uma pergunta simples: "Onde você descobriu sua paixão por plantas?" Isso o pegou desprevenido, e ele olhou para mim como se eu tivesse algo no meu rosto. Eu disse: "Quero dizer, não é todo dia que você encontra alguém que sente uma responsabilidade tão grande pelo bem-estar das plantas. Estou apenas curioso quanto à origem disso. Você cresceu perto de botânicos? Seus pais são botânicos? Você simplesmente decidiu um dia que iria amar plantas?" Ele disse que nunca havia pensado muito a respeito. E então ambos dissemos, rindo: "Provavelmente apenas evoluiu!"

Mas então eu puxei o meu guardanapo e desenhei três círculos inter-relacionados, com o Pai escrito em um círculo, o Filho e o Espírito nos outros. Apontei para o círculo com o nome do Filho escrito e disse: "Eu conheço a origem da sua grande paixão por plantas. Existe apenas mais um ser humano no universo que realmente se preocupa com as plantas. Ele está encantado com a criação de seu Pai, e se preocupa com o bem-estar e a preservação dela. Ele conhece as plantas pelo nome, cada uma delas. E eu sei quem você é. Você é um participante na paixão de Jesus Cristo pela criação de seu Pai."

"Esse entusiasmo no seu coração não é seu. Não teve origem em você. Ele vem de Jesus Cristo. Ele põe sua paixão pelas plantas de seu Pai em você. Ele humildemente compartilha seu encanto por elas, sua preocupação pelo bem-estar delas, e seu desejo de vê-las bem com você, através de seu Espírito invisível. E você está vivendo nestes sentimentos compartilhados. Você vai dormir de noite, acorda de manhã e trabalha o dia todo imerso nas preocupações e ideias criativas dele. Há muito mais acontecendo em sua vida do que você jamais imaginou. Você está vivendo na vida de Jesus, participando da relação que Jesus tem com seu Pai na comunhão do Espírito. Você vive no círculo da vida Trina de Deus e ainda não tem certeza da existência d'Ele!"

Emanuel não é uma teoria. É o *segredo*. Jesus Cristo não está escondido em algum armário no céu, esperando o dia em que ele poderá se tornar um fator real no universo. Ele é o Senhor nosso Deus conosco. Ele é aquele em e por meio de quem todas as coisas existem e são mantidas juntas, incluindo você. Acorde! "Eu sou a luz do mundo; quem me segue não andará nas trevas; pelo contrário, terá a luz da vida[25]." Você não vê quem você é e com quem está envolvido? Você não vê o que está acontecendo na sua vida, que coisa grande e maravilhosa foi concedida a você?

Permita que eu conte outra história. Uma jovem mãe entrou no meu escritório com uma pilha de boletins informativos em sua mão. Ela os colocou na minha mesa e exclamou: "Eu estou me sentindo um lixo! Eu tenho lido esses boletins de amigos e missionários, e todos eles estão por aí fazendo essas coisas maravilhosas para Deus. E acabei de perceber a vida desprezível que eu tenho. Pelo amor de Deus, lavo três cargas de roupa por dia; e quando não estou lavando roupa, estou fazendo compras; e quando não estou fazendo compras, estou descarregando as compras, ou cozinhando, ou lavando a louça. E no meio de tudo isso, eu tento manter essa bagunça de casa apresentável, cuidar de três filhos, mantê-los vestidos, cumprir a agenda, e encontrar um pouco de tempo para

---

25 João 8:12.

o meu marido. Estou cansada demais até mesmo para ler a minha Bíblia. O que eu tenho para oferecer a Deus?"

"Espere!", eu disse. "Espere só um minuto. Precisamos apertar o botão de "pause" e repensar isso tudo. Acontece que eu sei que ainda ontem você passou duas horas comprando um casaco para a sua filha, para mantê-la aquecida. E não apenas qualquer casaco, veja bem, mas um que ela gostasse, que fosse grande o suficiente para usar no ano que vem sem parecer velho, e que estivesse em promoção! E acontece que eu sei que você encontrou o casaco certo. Agora, eis minha pergunta: de onde veio a sua preocupação com a sua filha? Quero dizer, você acabou de decidir que iria ser uma boa mãe e apertou um botão que criou essa responsabilidade pelo bem-estar da sua filha? Qual é a origem do seu amor por ela ou pela sua família, da sua preocupação com que eles comam bem todos os dias, que sejam bem nutridos? De onde você tirou essa responsabilidade de manter uma casa limpa e organizada?

"Você está pensando como uma deísta. Você está pensando que Deus criou esse universo, deu corda nele como se fosse um grande relógio, deixou-o funcionando e depois saiu de cena. Você está pensando que Deus não está aqui. E você está pensando que tudo o que está acontecendo em sua vida, sua cozinha, limpeza e compras, seu amor por seus filhos e marido, sua preocupação com o bem-estar deles e tudo o que isso gera, está tudo fora do círculo da vida de Deus. E porque você está pensando desta maneira, você está muito frustrada, perdeu a plenitude e a alegria de viver, e está desesperadamente tentando entender como fazer tudo isso e, em seguida, acrescentar algo para Deus.

"Você não está entendendo o ponto. E o ponto é que Jesus Cristo não está lá em cima esperando que você faça algo para ele. Ele está dentro de você. Ele está compartilhando o cuidado que tem por suas ovelhas (sua família) e o sustento delas com você. E você acorda com esse sentimento, vive com ele o dia todo e você realmente ama cuidar de sua família. Isso faz você cantar. Mas você não vê as coisas como realmente são. Esse sentimento de cuidado e alegria não é seu, mas sim dele, e não existe nada mais sagrado no mundo do que cozinhar uma refeição para a sua família. Isso não é nada menos do que o próprio Deus Pai, através de Seu Filho e Espírito, compartilhando Seu banquete real com Seus entes queridos. É um evento divino!

"Há muito mais acontecendo em sua vida do que você jamais sonhou. Se você não perceber isso, você morrerá a morte lenta e dolorosa da acédia — um tédio cada vez mais intenso, tão profundo e penetrante que faz com que você perca toda a paixão. Você erguerá taças douradas de rico vinho tinto até seus lábios sem nunca sentir o gosto. E você se desesperará com a frustração de nunca ter provado um copo de bom vinho!"

Permita-me compartilhar mais uma história. Eu estava jantando recentemente com um golfista profissional que também é cristão. Ele se inclinou para mim e, com grande seriedade, perguntou: "Como Deus se encaixa no golfe?" Eu sei que ele estava falando sério, sinceramente. Eu conseguia ver um dilema profundo em seus olhos. Porque no seu coração ele queria jogar golfe — o jogo o empolga — mas em sua cabeça ele não conseguia imaginar como isso estava remotamente relacionado com honrar a Deus, a menos que ele conseguisse vencer ocasionalmente e então dar a glória a Deus. Ele estava devastado.

Sua pergunta era uma das maiores perguntas de teologia que já me foram perguntadas. O que respondi? Eu lhe contei a história do meu filho e seu amigo na sala, e então a história do biólogo! E lembrei-lhe de Eric Liddel, o campeão olímpico, no filme *Carruagens de Fogo* e aquela poderosa cena quando ele fala para a irmã: "*Deus* me fez veloz e, quando eu corro, sinto *Seu prazer.*"

Meu amigo golfista também tinha se esquecido das boas novas de Emanuel. O ogro o fez pensar que Deus era um mero espectador — em algum lugar lá em cima, assistindo ao jogo. Então, ele viu seu prazer no golfe como *seu* em vez de ser *do Pai*. Ele estava se vendo através da visão do ogro, com Deus de um lado e ele do outro. O golfe estava somente do nosso lado da mesa, e ele queria saber como poderia glorificar a Deus através dele.

Mas a verdade é que o golfe não é o domínio *dele*, pois foi invadido por Jesus Cristo. É uma das habitações, uma das moradas, da vida Trina. O que você acha? Será que Jesus está lá em cima, numa prisão celestial, esperando que acertemos nossa religião? Será que ele se ausentou, nos deixando órfãos[26] fora do círculo de sua vida familiar? Será que ele não é nada mais do que um monge que criou uma ordem religiosa? Acho que não.

---

26 Leia João 14:18.

O Segredo

Emanuel não é um convite. É a verdade. Jesus Cristo não está ausente, mas sim presente. Ele *está*, de forma maravilhosa e humilde, secretamente compartilhando conosco de si mesmo e de *sua vida* com seu Pai. É esta dança divina, este círculo de júbilo e alegria, beleza, excelência e glória, e nada menos que isso, que habita o coração do nosso golfista, o inspira e o emociona. Jesus Cristo não poderia se importar menos em ser glorificado no golfe. O que ele ama é quando jogamos golfe em sua glória.

Como Deus se encaixa no golfe? A verdadeira pergunta é: será que o jogo sequer seria divertido sem Ele? Será que *viver* seria divertido sem ele? Bem, claro que não!

Viver sem fazer parte deste ciclo da vida seria penoso, pois o que torna as relações, as amizades e as conversas tão boas; o que faz o trabalho, o ensino, a medicina e o cuidado tão nobres; o que torna o futebol, a jardinagem, a pesca e carros de corrida tão divertidos; o que torna a arte, a música e a dança tão vivos é que todos eles são, no seu sentido mais profundo, as moradas da vida Trina do Pai, do Filho e do Espírito.

Emanuel significa que a existência humana foi batizada na glória, na plenitude, na excelência, na beleza, na *vida* do Deus Trino. O nosso problema não é que fomos excluídos, pois o garoto não foi excluído do parque e os Anões não foram excluídos de Nárnia. Nosso problema é que acreditamos no sussurro "Eu não sou..." do ogro. Vivemos dia após dia tão despedaçados por dentro e com nossa segurança tão arrasada que sofremos de *Anãozite aguda*. Não podemos enxergar a glória. "É só golfe, só futebol, só pesca. É só fazer compras, cozinhar e limpar, só o jantar. É só botânica, só trabalho, só sol, só flores, só música. É só a minha filha vindo me incomodar outra vez." O ogro fez picadinho de nossos corações por tanto tempo que não vemos o que está realmente acontecendo em nós e ao nosso redor. Não fazemos ideia do quão grande e surpreendente é o que nos foi concedido. Não sabemos quem realmente somos. Nós erguemos taças douradas de rico vinho tinto, mas apenas sentimos o gosto de água suja do cocho de um jumento! E então passamos nossas vidas mudando de uma coisa para outra em uma longa, desesperada e frenética busca por um copo de vinho de verdade! Mas o evangelho é realmente bem simples. Diante do sussurro do ogro de "Eu não sou...", o Pai está bradando Sua palavra eterna: "Tu és Meu!" E está nos chamando para responder: "Sim, eu sou!"

www.ingramcontent.com/pod-product-compliance
Lightning Source LLC
Chambersburg PA
CBHW032104020426
42335CB00011B/488